JN440041

어머니와 아들

텃밭시선

어머니와 아들

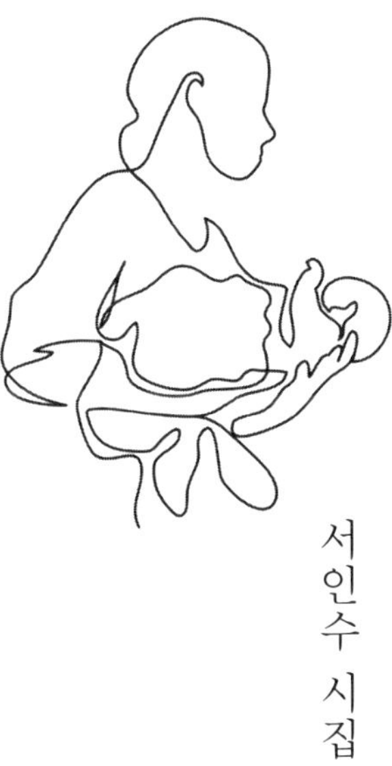

서인수 시집

그루

시인의 말

파란 하늘 너머에 계신 어머니를
생각하면 눈물이 흐른다.
듣지 못하는 어린 나를 당신은 오직
사랑의 품으로 따뜻이 안아주셨다.
가슴이 먹먹하고 앞이 보이지 않을 때마다
먼 훗날 어머니에게 드릴 시를 짓곤 하였다.
절박한 마음이 된 사람들은 다 알 것이다.
볼 수 있는 것이, 들을 수 있는 것이
얼마나 아름다운 천복인지를.
나는 이따금 컴컴한 골목을 걷다가도, 혹여
어머니가 대문 밖에 서서, 날 부르는 것처럼
느껴져 뒤돌아본 적이 많다.
그럴 때마다 당신은 함박꽃처럼 피어
내 정신의 꽃밭에서 환하게 웃고 계시다.

2023년 겨울

서인수

차례

제2부 인터넷 시대

제3부 귀로 듣는 시

제4부 담 너머 목련꽃 피네요

제5부 그때로

제1부 꽃향기

외톨이

고도 난청인 나는 어릴 때
학교에선 외톨이였어요

어느 날 가만히 말없이 서 있는
운동장 가 느티나무가

꼭 외로운 나를 닮은 것 같아
두 팔로 껴안아 보았어요

친구들이 장난으로 마구 놀려도
나무는 나를 놀리지 않았거든요

동네 뒷산 연암산 숲속에서도
새벽마다 나무와 별들에게 말을 걸었죠

그럴 때마다 나무는
바람을 데려와 내 말을 다 들어주었어요

말솜씨는 없어도 새가 가지에 앉으면
손짓 발짓 해가면서,

답답한 내 어린 속마음을
그 새에게 다 털어놓았어요

어른이 다 된 지금도 나무만 보면
나는 꼭 껴안아줍니다

그러면 정말 나무는 따뜻한 가슴을 열고
엄마처럼, 내 서러운 등을 토닥토닥 두드려줍니다

친구

입술 표정만 봐도
내 스마트폰은
손가락으로 꿈을 보여주죠

귀가 안 들리면
사람들 입 모양만 쳐다보죠

손가락과 스마트폰은
내 눈과 귀가 되어
늘 고마운 친구이죠

이 친구가 없었다면
지금 나는 세상 밖 소식을
어떻게 알 수 있을까요

못 알아듣는 우울함
안 겪어보면 모르죠

수시로 내 기분을 자막으로
읽고 전송해 주는 스마트폰

오늘 하루도 감사하죠
이것저것 소식을 물어보아도
언제나 싫은 표정 없는 소중한 내 친구죠

노을

앞을 못 보는 사람들보다
수화 하는 장애인은 그래도
덜 답답하다네

귀가 먼 장애인은
하루 종일 조용하지

파란 하늘 위 흰 구름처럼
그들은 말없이 앉아 있지

의사소통이 안되어
불통이라 옆 사람에게
묻고 또 물으면 짜증을 내지

그래서 종일
숲이나 공원이나 어슬렁거리며
시 한 놈 찾아다니지

하얀 종이 위에
풍경도 불러오고, 자동차도 부르고
저녁 무렵엔,

앞산 너머 붉은 노을도 불러와
두 눈으로 소통을 한다네

말

말은 말이 들리지 않을 때까지

얼마나 아름다운지 모르지

귀는 하늘이 내려 주신 소리의 보물 창고

사람들은 말이 너무 흔해

못된 말을 남의 심장에

마구마구 사방으로 총알처럼 쏘아대지

말은 말을 듣지 못할 때

얼마나 좋은 말인지 그때쯤 알게 되지

꽃향기

까치가 울어서 숲속에
꽃이 피나

구절초 그 꽃향기
산등성이 타고 흐르네

자줏빛 꽃대 가을이 좋아
몇 번씩 하늘 보고 절하네

가슴속 저 깊숙이 들려오는
바람의 시詩

구름 너머 저 산 너머
노을이 붉어지면

구절초, 구절초
깜깜한 밤하늘 별로 피겠네

말 2

말은 참 이상도 하지
침묵하면 들리지 않고

종알종알 입술을 열면
냇물처럼 흘러나오네

고도 난청인 나는 한낮
가을 단풍을 보며 말을 건네지

노랑 은행잎에겐 노랑 말을 하고
감나무 잎에겐 붉은 말을 하고

몸 밖으로 나가지 못한 말들
내 머릿속에서 맴돌지

어떨 땐 답답하다가도
혼자서 하늘 구름 보면 행복하네

시를 쓸 때가 가장 기분이 좋네
종이는 내 말한 대로 줄줄 따라 나오니까

인터넷 시대 만난 스마트폰도
고마운 친구이지

문자 전송은 언제나 나를
가볍게 들뜨게 하네

시골 풍경

앞산엔 흰 구름 머물고, 뒷산엔 부엉이 울고

마을을 두르고 냇물이 맑게 흐르네

가을 벼 비바람 소리에 황금물결로 춤추네

농사꾼 오곡밥 지어 먹어 어깨춤 절로 나네

초가집 지붕에 새하얀 박꽃 피면,

바둑이는 낯선 발소리에 멍멍 짖어대고

참새는 가을 허수아비와 들녘에서 이야기하네

좋은 시詩

밝고 물 맑은 세상에 고기들 살지요
모래밭이 있는 강물은 새들의 천지고요
산골짝 징검다리 건너면 노래가 되지요

음률은 공간 속에 파동을 타지요
희망찬 마음에 밝은 세상 노래하지요
대자연과 조화롭게 호흡하며 바다로 흘러가네요

수증기가 창공에 올라 비는 내리지요
좋은 시어詩語로 구름 창문 순식간에 열지요
흘러가는 시간 속에 시인은 시 한 수 읊지요

인간과 대자연

바닷가에 주운 돌 갈아보니 색 띠가 나타나요
훌라후프 돌리는 그 목성의 허리띠처럼
색동저고리 선 참 닮았네요

공간과 시간은 아름다운 무지개지요
물의 조화는 생과 사의 다른 이름이라
직선이 곡선의 자유를 얻은 거죠

음률은 산울림 되어 공기 속에 파동으로 느껴져요
우주 만물의 생각은 원자의 무궁한 상상력
밝은 세상 희망찬 마음 되려면 이치를 알아야죠

시詩

세상만사 이래도 좋고 저래도 좋아

얼시詩구 절시詩구 좋다 시 한 수 지어보세

인간이 바로 우주 만물의 악기라

만유인력은 선율의 아름다운 법칙일세

시인은 흘러가는 시간 속에 시를 키우고

좋은 시어는 시공간 창문을 순식간에 여네

자연과 조화롭게 호흡하여 시 에너지 만드니

음양이 서로 사랑하여 어깨춤 추며 신세계를 여는구나

멧돼지와 법정

세상은 남의 재산 빼먹을 궁리하는 사기꾼 천지

마구 미쳐 날뛰는 멧돼지 마냥 가둘 수 없죠

법정은 왜 이런 멧돼지들을 잡아 가두지 않을까요

고도 난청인 나를 속인 그 멧돼지 놈

권리자의 약정을 서류로 계약했으면

법은 약자를 도와줘야 하는 것 아닌가요

멧돼지는 죽은 척 파산 선고 한 방으로 기사회생

사기꾼은 부활하여 도시 거리를 활보하는데,

법정은 멧돼지가 판치도록 판결하네요

아, 숨 막히는 세상의 부조리!

멧돼지가 노리는 간교한 함정에 세상은 속지요

어머니와 아들

어머니는 6·25전쟁 후 일어난 가족 비극을
가슴에 묻었네 아버지가 억울하게 죽은 이야기도
말한 일 없었네 그 비통, 그 슬픔
밤마다 몰래 꺼내어 혼자 웅크려 울었네

식구 먹여 살리려고 수예품 만들어 시장에 팔았네
난청 아들 대학교 시키려고 무진장 애를 쓰셨네
따뜻한 사람이 되거라던, 그 어머니의 말씀

할아버지가 돌아갔을 때, 몇 날을
빈소에 목 놓아 울기만 하던 어머니
아버지가 남기신 유언 등대 삼아
아들을 훌륭히 키워야 한다고 마음먹었네

그 장애 아들 건축사 시험 합격한 날
환한 함박꽃처럼 웃으시던 어머니 모습
두 분 사랑 보답하려고, 나는 평생 사랑의 기도 드리네

제2부 인터넷 시대

회상

구름이랑 별이랑 놀던 어린 시절은 좋았지
땅속에 살던 매미 감나무에 올라가 울었지
푸른 하늘 아득히 날던 방패연

금빛 모래밭에 친구랑 모래성 쌓기를 하였지
수억 년 된 절벽을 돌아 강물은 흐르고
물속 살던 고기 잡아 놀던 재미가 있었지

높은 바위 위에서 신나게 다이빙했지
물속에서 물장구치며 즐겁게 놀던 그때가 행복했지
배꼽마당에 야구 시합하고 기마전도 하였지

방천防川 가에 오백 년 된 팽나무 할아버지도 살았지
포도로 딱총 만들어 총 놀이하던 불알친구들
타향으로 뿔뿔이 흩어져 어디 사는지 궁금하네

인터넷 시대

모든 길은 인터넷이 만든 길
디지털 시스템으로 만물이 태어나네

시도 그림도 음악도 유튜브 속에
만화경처럼 가득 꽃 피네

눈은 호사를 누리네
들리진 않지만, 내 마음 구름처럼 자유롭네

초승달에게 스마트폰으로 문자 보내면
밤하늘 별들의 이야기 다 전해주네

세상의 모든 것이 예술 작품이 되네
지구는 멋지고 아름다운 조각품이네

독도

동도와 서도 두 개의 섬은 파도와 속삭이지

대한봉 위로 날으는 갈매기는 외롭지 않네

무량무량無量無量 해맞이 황홀한 바다

아무리 일본이 자기 땅이라고 우겨도

두 개의 섬은 의연하게 지키고 섰네

밤마다 폭풍과 해일이 몰아쳐도

결단코 굴복하지 않는 위대한 역사의 섬이여!

언어의 연금술

언어는 뿌리가 있네

곧게 뻗은 나무처럼 하늘을 만지네

온갖 형상을 만들어 꽃을 피우네

넘쳐나는 행과 연 사랑

언어는 정이 많고 따뜻하네

밤마다 뗐다 붙였다 언어 놀이 참 행복하네

마음껏 우주 속으로 날아가 보네

언어는 상상을 타고 마술을 부리네

팽창하는 빛의 속도로 초월하는 언어여!

가족사

어머니는 돌아가신 아버지를 지극히 사모하셨네

6·25전쟁 후 정치적 소용돌이에 휘말려

암살되어 회중시계만 남았네

그 시계만 보면, 자꾸만 아버지가 떠오른다고 하셨네

형은 고등학교 때 인도 위로 덮친 차 사고로

군용 구급차에 실려 병원에 갔지만 죽고 말았네

어머니는 아버지와 형을 잃어도

용기를 잃지 않고 험난한 세상을 건넜네

바느질과 수예로 남매를 훌륭하게 키웠네

손수 정원을 만들고 수수꽃다리도 심었네

꽃밭에 향기가 번져 나비가 날아오면 좋아하셨네

힘들 때는 부처님에 의지하며 기도하셨네

아, 그 어머니마저 백혈병으로 세상을 떠난 이 밤

나는 눈물로써 그 세 분의 한恨을 시로 푸네

울 엄마

세상 속에서 홀어머니는 두려웠으리

무거운 광목 한 단을 머리에 이고

어린 남매 위해 밥 찾아 산골짝 헤맨 울 엄마

갈라진 발바닥은 얼마나 아팠을까

저녁노을이 지나도 돌아오지 않으면

나는 어린 누이의 작은 손을 꼭 잡고

걱정되어 방천防川에서 가는 목 빼고 기다렸지

한밤중 무서워도 엄마 발자국 소리나면 안심되었네

물건을 한 보따리 이고 강물 건너와서

배가 고프냐며 밥 차려 주시던 울 엄마

오늘따라 참 보고 싶어서 눈시울이 뜨겁네

목련꽃 향기

봄 하늘 흰 구름 피어나면
엄마는 정원에 꽃씨를 뿌리고,
해 뜨기 전 마당 곁 목련 꽃나무를
꼬옥 안아 주었네

한겨울에 꽁꽁 얼어붙은
어린 나를 껴안듯, 추위를 견디고 핀
목련꽃 망울을 곱게 보았네

흰 꽃잎은 따 모아 말려
차로 우려 주시며,
꽃차야말로 별들의 이야기를
가장 많이 들려준다고 하였네

그 쌉쌀한 목련 꽃차의 맛
언제나 정성껏 삶을 살아야
성공할 수 있다고,
귀 먼 아들을 붙잡고 일러주었네

그러면 나는 엄마의 입술에서
흘러나오는 그 사랑의 말을
흰 목련꽃 향기처럼 맡곤 하였네

엄마 솜씨

엄마는 꽃방석 만들 때 기본을 본뜨고
오색실로 조화롭게 수놓아 꾸미는
손 기술이 뛰어났지

유과를 만들 때는 맨손으로 반죽하여
막걸리 첨가해 맛을 부풀리는
솜씨가 일품이었지

한여름 더워지면 시원한 삼베옷 입히고
열심히 공부하도록 배려하시는
엄마는 사랑이었네

우리 집 여름 대청마루에 듣는
엄마의 다듬잇방망이 소리는
청아하게 울려 기운찼지

화단

엄마가 손수 만든 화단은
수수꽃다리로 향기 내는
지혜가 있었습니다.

달리아 뿌리도 심고 색색으로
정원을 멋지게 단장시키는
감각이 좋았습니다.

석류나무에 알이 붉게 영글어
맛이 새콤해지면 술을 담그는
솜씨가 탁월했습니다.

어릴 때는 몰랐습니다.

그 아름다운 화단이 먼 훗날
내 기억의 꽃밭을 이루리라는
사실을 정말로 몰랐습니다.

수다한 귀

자귀나무 가지에 싹 트는 연두 귀
꽃망울 올라오는 비바람 소리 알아듣네

귀에 쏙쏙 들어오는 말솜씨, 시 낭송하네
저녁에 한가할 때 강어귀에서 들으라 하네

붉은 노을에 흐르는 강물의 선율
여인을 울리는 사랑의 밀어 같네

귀뚜라미는 잔디밭에 귀뚤귀뚤 노래하고
제비는 강물 위로 물수제비뜨네

수양버들은 축축 늘어진 버들의 말을 하네
하늘과 땅, 그 사이로 사람이 지나가네

귀갓길

잔가지에 붙은 잎사귀 바람의 연주를 하네

가지 꼭대기마다 물관이 물을 퍼 올리겠네

봄은 햇살이 뿌린 가장 아름다운 꽃의 행간

지혜가 열리고, 영혼의 노래 울리면

시인은 저녁 초승달 귀에 시 하나 걸어 주네

귀 자字

푸성귀 귀뚜라미에도 시어가 핀다

귀 자字가 좋아 펼쳐놓으면,

팔랑귀, 칼귀, 범의귀

참으로 다양한 이름도 많다

바늘귀 구멍에 구름을 매달다

쇠귀에 경 읽기로다, 웃었다

제3부 귀로 듣는 시

귀로 듣는 시

지빠귀는 귀로 듣는 시
바람 속에 저 혼자 우는 지빠귀는
소리의 이미지라네

참꽃이 아름답게 활짝 핀
산마루에 함께 노래 부르니
구름도 산 위에서 노래하네

잎사귀를 따 먹는 노루귀는
산천에 맛있는 활력소를
찾아 영역을 확장하네

귀로 새기는 단어가
이렇게 재미가 있을 줄
시여, 미처 몰랐다네!

천이天耳

하늘은 알아들을 수 있는 귀가 있나 봐
마음속으로 기도하는 말 은하수 듣나 봐

저 밤하늘 무수한 별들 영혼의 말일 거야
정화수 같은 그 순수한 기도

달빛은 어둠의 깊이를 보여주는 침묵
대숲에 반짝이는 정령들의 소곤거림

시 한 수로 정신세계 알려주는
땅의 꽃나무는 세상을 밝히는 빛

봄은 무수한 말을 쏟아내고 있나 봐
온갖 들꽃을 아름답게 수놓고 있나 봐

시인의 말귀

시인은 대자연을 안방처럼 살피네

자귀나무 꽃술을 애인처럼 보다가

빛줄기의 속삭임 눈 속에 담아두네

시인은 비바람 소리 듣고 움직이네

상상하던 그 말들 달빛처럼 감기어

당귀꽃과 향이 재미있게 오래 읊네

시인은 잎사귀 소리 그냥 듣지 않네

흔들리는 들풀도 유심히 살피고

사계절을 시어로 마음대로 구성하네

시인은 시어를 빈 원고지에 풀어놓네

열정의 영감은 활활 타오르는 말귀로

한 자 한 자 우주 음악처럼 들려주네

시인은 나무의 속삭임을 귓속에 넣네

시 한 수 상상의 실마리에 꿰어

정신세계 방황하는 마음들 잠재워 주네

음악

어린 시절 장롱에 달린 손잡이 튕기고 놀았네
위로 탕탕 치는 소리 아래로 탕탕 치는 소리
재미있어 청각으로 음률을 감상하였네

고도 난청이 되자 입술에 집중하게 되었네
한 토막이라도 더 알아보려고 초점을 모았네
꽃들의 꽃잎 여는 소리 가끔 마음으로 듣네

이제 듣는 저 짝 찾는 새소리 듣지 못해 아쉽네
답답한 마음 풀려고 달님에게 문자를 보내네
아름다운 시로 눈빛의 오선지 위에 악보를 그리네

보청기

폭발물 사고로 청신경 마비되어
먹통 된 고도 난청, 보청기 기증 받아
말소리 겨우 듣고 살아가기 힘든 세상

보청기는 비상약 다 떨어지면
대화하는 내용 전혀 듣지 못하지만
자막으로 나타나면 그 소리 이해되네

오늘날 디지털 시스템 발전하여
인터넷 시대 만나니 무척 좋아졌지
스마트폰 읽고 날마다 웃는 내 모습

텃밭시인학교 시학을 열심히 배우네
돌아가신 어머니 천국에서 보시면
정원 꽃밭 돌보며 환한 미소 지으시겠지!

귀뚜라미

안마당 정원의 귀뚜라미
매화나무 둥치에 붙어
귀뚤귀뚤 울어 예는 노래 들었네

리듬을 타며 다 함께 합창하네
나는 덩달아 손뼉 치며 좋아하네
음악 소리 정답게 알아듣는 소중한 귀

작은 소리도 청신경은 포착해
귀 기울이면 저절로 리듬이 되네
상처받은 마음도 치유되어 행복해지네

폭포수 아래 듣는 물결 소리처럼
귀뚜라미 목청껏 내는 소리 통쾌하네
말소리는 자연스럽게 흐르니 기쁨이네

말문 막히면 언어장애인 되기 십상
나는 새벽에도, 거실에서도, 혼자 있을 때

중얼중얼 신명이 나서 하늘에 대고 말을 한다네

꿈

돌아보시고는 말씀이 없으신
아버지의 표정

폭설에 덮인 외가의 초가처럼
곧 무너져 내릴 것 같은 그 모습

무슨 말씀을 하려는 것인지
자꾸 머뭇머뭇하시는 그 목소리

그 좋고 귀한 나의 아버지
6·25전쟁 후 악인에게
암살되시고 말았네

그 충격과 아픔 속에
어머니와 가족은 역사의 언덕을
눈물 속에 넘었네

나는 이따금 새벽에

일어나면 늘 그 아버지의 온기와

어머니의 꽃밭이 그리워
따뜻한 두 분의 품속을 꿈속인 양 파고들지

해송海松

절벽에 선 저 소나무는 태풍을 알리라

세상의 바다를 건너는 나의 고뇌를 보리라

바위를 잔뿌리로 감싸 한 편의 시가 되는

저 집념의 노송은 나이테가 진리인 것을 알리라

푸른 기상에 독야청청 수평선을 바라보는

저 소나무는 온갖 비바람과 풍파를 견뎌야

겨울 추위 속에 붉은 노을을 볼 수 있음을 알리라

구름 가는 소리

가을 낙엽이 떨어진 그 어스름 저녁

아무 생각 없이 걷는 그 오솔길 너머

보름달 사이로 구름 지나가는 소리

쓸쓸한 세상은 언제 다 끝이 날까

이 밤 저 산은 외롭지 않나 보다

밤 부엉이 간간이 뒷산 숲속에서 울리라

명상

석양에 나온 별빛 하나

밤하늘 허공에 앉아 좌선한다

산마루도 그걸 보고 묵상한다

고요하고 평온해 보이는 흰 구름

산새 소리 풀벌레 소리 경전 삼아

순수한 것들은 제 영혼을 키운다

이제는

귀로 듣는 것은 귀가 좋을 때 말이지
진짜 좋은 소리는 심금을 울리지

내 시 상賞 받았을 때, 그 기분
둥실둥실 떠가는 구름처럼 행복했지

이따금 흘러간 추억을 꺼내
풍경에 풍경을 이어 붙이네

슬픔도 눈물도 비울 수 있어 좋지
감정도 표정도 시어는 다 감춰주지

아련하네, 그 지나간 시간이
모였다 흩어졌다 파란 하늘에 사라지네

밝은 세상

물속 맑은 곳은 물고기들의 세상이지요

노을 강변 모래밭 철새의 놀이터이지요

산골짝에 징검다리 건너는 저 아낙은 곱지요

뒷산에서 들려오는 뻐꾸기 소리는 파동을 타지요

여름 소낙비는 희망에 차 노래하지요

반짝이는 시어로 구름 창문 순식간에 열지요

흘러가는 시간 속에 시인은 시 한 수 읊지요

하나님

하나님은 마음의 눈으로 보아야 보이죠

순식간에 우주 변화와 팽창을 열어 보였죠

언제나 시공간 속에 하나님은 계시죠

천지만물은 하나님의 몸이요 영靈이죠

파동으로 입자로, 꽃과 바람이 되시죠

대자연 속에 하나님이 계심을 감사드리죠

제4부 담 너머 목련꽃 피네요

담 너머 목련꽃 피네요

1

담은 황토로 만든 돌담이에요
넘나드는 나비와 꿀벌이 있었죠
어둠이 다가와도 꽃밭에 찾아와서
목이 아프도록 입 맞추는 나비들은
연애하는 꽃을 만나면 반가운지
꽃잎이 왜 이렇게 향기로울까 상상하죠

2

목련꽃은 눈으로 먹어도 맛이 있으니까
넘어오는 상춘객이 몰려들어요
어제도 인기가 있었는지 홍청망청
봄바람 지나가도 아는 체도 않는다나요
흰 구름 푸른 하늘에 대고 노래하는데,
꽃봉오리를 내미는 꽃은 순결하네요

3

담쟁이넝쿨이 친구 하자고

목련꽃 나무 너머로 곁눈질하여요
지나가는 노을 붉은 배꼽이 웃어요
김밥을 싸 소풍을 다녀오라 하네요
활짝 핀 흰 목련꽃 반겨줄 테니까요

겨울 소나무

온몸이 이리저리 비틀린

비슬산 정상 근처에서 본

묵상에 잠긴 겨울 소나무

무슨 하늘의 말씀을 듣고 있는지,

살아온 생의 깊은 연륜이

옹이 뜬 가지에도 보여

흉중胸中이 아릿하다

고압선

말이 되었다가, 양이 되었다가, 지금은 용이 된

구름이 흘러가다 닿으면 큰일 날 텐데,

등산하다 시선을 끌어당기는 수만 볼트 고압선

산안개 허리를 두르면, 산까치 줄에 앉을까 걱정일 텐데,

신명이 나면 무지막지 울어 대는 참매미

언제 나도 저 산 위에 걸린 고압선처럼 찌릿한

시 한 편 쓰고, 서녘 노을에 잠겨 볼까

황사

생각이 어지러운지 사막 바람 타고 몽골에서 날아온

모래 녀석들, 서해 건너온 배짱 두둑한 녀석들

무슨 수작을 부리려고, 신천 노란 개나리 붙들고

자꾸자꾸 엉뚱한 노란 말을 쏟아내는 황사

희뿌연 허공을 헤매는 저 모래도 무슨 사정이 있겠지

Energy

기찬 인생 한 번뿐인 이 행복한 날

이 햇살 저 거리 이 도시 저 하늘

오늘 못 보고 천국 간 어제 사람 생각하면

나의 삶은 신선한 샘물 같은 것

생기가 넘치듯, 생명은 얼마나 아름다운 것이냐!

생각하면 형이상학도 형이하학도 모두 정화수 같은 것

좋은 사람은 바라만 보아도 신바람 나듯,

봄꽃 둘레는 언제나 향기가 가득하듯,

정신 energy가 맑아야 세상은 환하게 밝아지는 것

앞산

새벽마다 바라보는 앞산
떡갈나무와 청설모 둥지를 트는 곳
아낌없이 사랑 주는 보금자리지

소나무 뿌리 바위 틈서리에 살아가도
맑은 숲은 산까치 뻐꾸기 다 받아주는
계곡물 굽이굽이 돌아가는 산

수천 년 동안 태풍이 와줘
까딱없는 그 듬직한 앞산
날마다 내 버팀목 되네

팽나무

오백 년 묵은 둥치가 장정 네 사람만 한 팽나무
조선 시대 사람들 이야기 다 들었을
비바람 맞으며 우뚝 서 있는 동네 지킴이

산 사람 귀신이 되고 구름이 강물로 바뀌어도
무당은 해마다 이 나무 둘레에 금줄을 치지

천둥 번개가 쳐도 도무지 동요를 하지 않는
저 늙은 초록 가지는 해마다 새순 돋네

아버지 어머니 가실 때에도 언제나 늘
외로운 나를 껴안아 주던,
울적한 마음도 달래주던 고향의 팽나무

그 옛날 동무들과 배꼽마당에 놀다 땀 흐르면,
한여름 시원한 동네 쉼터 둘레에 앉아, 바둑 두는
동네 어르신들 구경하면 참 즐겁던 팽나무 그늘

2·28 민주화 운동

자유만이 그들의 끓는 피를 증언한다

대구의 학생들은 오직 불의에 항거하였다

교문을 열고, 거리로 쏟아져 나온 그들은

시대의 순수한 양심의 외침이었다

자유당 정권의 폭압과 독재에 맞서

오욕의 역사 한가운데에서 거울이 되었다

함성으로, 온몸으로, 독재자의 총성에 맞섰다

60년 2·28 대구는 자유의 깃발로 펄럭였다

아, 정치는 죽었지만, 그 어린 학생들의

자유의 외침만은 오늘도 뜨겁게 숨 쉰다

천창

까마득한 태초의 동굴이다

그 억겁의 침묵 바위가 된 산

무슨 사연이 있길래 돌로 굳었을까

산 것들은 모두 무엇이 되고 싶은 모양

호기심 일어나 계단 위를 오르다

채광이 하늘로 향해 있었다

천국으로 가는 문이라도 있단 말인가

하나의 천창이 별들의 소식을 알렸다

뿌리 깊은 나무

추운 바람에 견디려면
뿌리 깊은 나무가 되어야 하네

달빛 아래 그 수런대는 숲속 아래
밤 부엉이와 벗이 되어야 하네

참나무 그림자와 다정히 속삭여야 하네
뿌리 깊은 나무가 되려면 푸른 시를 써야 하네

초록 바람 소리 듣고 이슬을 받아먹어야 하네
폭설에 가지가 휘어져도 견딜 줄 알아야 하네

바위틈에 허리가 휘어도 날마다 새소리 들으며
산허리에 안개를 두르고, 그 아득한 능선이 되어야 하네

상록수

고막이 없어도 상록수는 언제나 푸른 소리를 듣네

잎사귀를 허공에 대고 오래도록 느끼고 있네

잔가지는 살아서 안테나가 되었나,

까마귀가 앉아도 소식 듣고 좋아하네

봄 여름 가을 겨울 그 바람에 시달려도

상록수는 귀가 멀지 않는다네

오동나무

오동나무는 가야금 소리를 품고 산다

비바람 소리 그 현에서 나온다

행복한 잎사귀가 내는 그 가야금 열두 줄

오동나무는 종달새 휘파람 소리도 낸다

숲속에 보금자리 마련해

따뜻한 사랑으로 새 새끼를 품는다

오동나무는 자주색 꽃 피는 소리 난다

가을바람을 닮아 산울림 소리가 난다

제5부 그때로

그때로

어린 날 사랑스럽고 아름다운
그때로 돌아간다면,
나는 한 마리 물총새가 되어
개울가 물빛을 스치는 꿈을 꿀래

옆집 계집애랑 동네 친구랑
구름을 보고 솜사탕을 먹고 싶다 했던,
순수하고 달콤한 이야기를 할래

저녁이면 붉은 노을을 바라보며
바람의 이야기를 전해 들으며
초승달의 그 예쁜 버선코를 볼래

모든 것은 지나면 지워지는 것
그 늦가을 추억을 꺼내어
밤하늘 별빛에게 도란도란 들려줄래

기도 1

사랑이여, 오랜 시달림이여

듣지 못함이여, 절망이여!

귀를 잃고 마음을 씁니다

그분의 큰 힘으로 시를 따라갑니다

그분의 큰 말씀으로 발길을 옮깁니다

이 봄날에 꽃으로 피어날 기도

은혜로움과 사랑을 행간에 넣어 봅니다

할렐루야, 할렐루야, 할렐루야!

기도 2

왜 저입니까, 그 눈물의 고통을

왜 저입니까, 그 외로운 밤의 시간을

왜 저입니까, 그 오랜 사무침을

한밤중 일어나 무릎을 꿇고 기도하나니,

귀를 잃고, 아버지와 어머니를 잃고

왜 하필 저입니까, 하나님!

기도 3

그립습니다 당신이 계신 저 푸른 하늘이

영원히 사는 천국에서 모두 행복할 것을,

외롭습니다 서쪽 노을이 붉게 물듭니다

시를 쓰다 당신의 두 손을 만져 봅니다

흐르는 눈물을 닦으면서 고요를 따라갑니다

기억

요즘 한밤중에 깨면 거실에 앉아
또렷한 기억을 꺼내
자꾸자꾸 곱씹어 본다

아홉 살 때 사고 난 그때를
되돌리 수만 있다면, 하고
눈을 감고 떠올려 본다

또렷하다 외롭다 그립다
하늘로 간 부모님이 보고 싶고
먼저 간 형의 얼굴이 아슴하다

누구나 지울 수 없는 아픔이 있다
새벽마다 어둠 속에 날아드는
불면의 기억들

가끔 형장에 끌려가시는 아버지
모습이 꿈에 나타난다

무서울 땐 그저 흐느껴 운다

어른이 되어도 기억은 어린아이처럼
이따금 가슴 졸인다
잊을 수 없는 그때의 기억이 있다

별빛 피라미드

에너지가 모여 빙빙 돕니다
방에 피라미드를 만들었습니다
네 변 길이가 똑같게 하였습니다

귀로 듣지 못한 소리 마음으로 듣습니다
방안 곳곳에 꽃봉오리가 피어납니다
피라미드 꽃밭이 되었습니다

파동은 우주의 혈관입니다
지혜의 피라미드가 정신을 돌립니다
꼭짓점은 기운이 생기는 곳입니다

정상에서 만나는 피라미드의 극치
명상으로 떠올린 상상력 모습은
별안간 나타나는 별빛입니다

한옥

한옥은 대들보에 기와를 얹어 집 짓지요
주춧돌은 하늘을 받쳐 튼튼하지요

시원한 바람 솔솔 들어와 상쾌하지요
용마루 장식 서까래는 리듬이 있지요

방바닥에 누워 천장을 보면 나뭇결이 곱지요
구름의 무늬가 바람의 숨결이 지나가지요

벽체는 황토로 만들어 보온이 되지요
따뜻한 온돌방에 잠이 들면 기분이 좋지요

한옥은 별님도 마당에 들이지요
나무 냄새는 향긋하여 새소리 묻어 있지요

한옥은 처마 선이 울 엄마 버선코를 닮았지요
그 한지 문창은 달빛에 곱기도 하지요

마음

어린 시절 주워 온 뇌관 폭발에
청신경 마비되어 갑갑한 심정이었지
말소리 못 알아들어 입술만 집중해 보아
한 토막 말 들으면 하루가 행복했지

말없이 말만 생각하다 보청기를 끼었지
입술은 정말 신기하기도 하지
때로는 속기사 도움으로 시 공부를 했지

글공부는 마음의 양식을 가져다주었지
열정과 희망 사이 빛이 들고
기쁨과 즐거운 나날을 보냈지

어디까지나 밝은 기분으로
극점인 광명을 찾아가야지
아침 해처럼 내 마음은 빛나지

투명 인간

창문 밖에 반사되는 영상이 있었네

산들바람 불어오는데 무슨 뜻일까

바람은 보이지 않고 나뭇잎이 흔들리네

봄바람은 투명 인간과 같네

유리창 통해 그림자 흔들대네

마음 닦아 윤기 나면 평온해지지

신선한 바람은 좋은 여인처럼 들뜨게 하네

초등학교 삼학년

초등학교 삼학년 때 폭발 사고가 났네

청신경 마비되어 고도 난청이 되었지

그전에는 친구들 말소리가 저절로 들렸지

다친 후, 종일 그 애들

입술만 뚫어져라 쳐다보았지

날마다 말 한마디 않고 지내니

목청이 막혀 답답하였네

반 친구들이 어쩌다 배꼽을 잡으면

덩달아 나도 웃음을 따라 웃었지

예전엔 아침마다 참새 소리가 정말 좋았지

귀뚜라미 울음소리도 음악 시간 풍금 소리도

정말로 행복을 가져다주었지

그 많은 소리 다 어디로 갔는지

보청기 낀 이 봄날,

매화꽃 피는 소리 마음으로 듣지

별 사랑

수화는 손 신호로 시를 쓰는 것이지

하늘의 귀에 대고, 구름의 귀에 대고

손가락으로 문자 신호를 보내는 거지

엄지 검지 약지 세 손가락으로

우연히 말을 만들어 표현해보았지

I love you라는 의미가 있어 좋았지

갑갑하고 답답한 내 우울한 하루

뒷동산에서 별빛 보고, 야호, 수화 하였지

잠깐, 별이 반짝거리더니

내 말을 알아들은 것처럼 또 반짝거렸지

보청기 낀 나무

만약, 나처럼 저 길가 느티나무

보청기 낀다면, 새소리 못 듣고

스치는 바람만 느낄 테지

이리저리 잘려버린 가로수의 탄식

뿌리는 흙 속에 내렸지만,

자동차 매연으로 몰골이 누렇게 떴네

문명의 발전 좋은지 나쁜지 모르겠네

그래도 저 나무 잎새 동서남북 춤을 추네

해설

듣지 못하는 자의 슬픔

김동원 시인·평론가

해설

듣지 못하는 자의 슬픔

김동원 시인·평론가

들어가는 말

고통스런 현실을 행간에 받아들인다는 것은, 시의 책무이다. 시인의 기억 공간에 저장된 아픈 언어는, 내면을 씻는 카타르시스 작용을 한다. 트라우마를 공감과 감동의 숨결로 불어 넣는 작업이야말로, 시적 치유의 외연을 확장한다. 특히 서정시는 타인의 상처를 어루만지는 세상과의 대화의 장이다. 시는 소외된 나와의 은밀한 밀회의 장소이자, 고백의 성소이기도 하다. 최근의 시들은 언어의 기교와 이미지, 묘사에 집중하는 듯하다. 새로운 시적 경향은 언제나 반길 일이지만, 행과 연 사이 지나치게 단절된 의미들은 해독 불가능을 가져

왔다. 물론 시가 다 해석될 필요는 없지만, 무감각한 느낌의 언어 나열은 독자들을 고통스럽게 한다. 좋은 시는 읽는 순간 가슴을 움직인다. 피상적인 관념의 세계를 뛰어넘어 생기의 현실을 반영한다. 자신이 직접 체감한 날것의 언어야말로, 살아있는 행간의 느낌을 전할 수 있다. 어떤 시든지 그 사연과 곡절은 녹록치 않다. 시인은 밤새워 행과 연 사이를 오가며, 끊임없이 시어를 자르고, 쪼고, 갈아서 빛을 낸다. 그런 고뇌만이 탁월한 개성과 창조성에 닿는다. 개인의 체험과 현실보다 더 시적인 장소가 있을까. 시인의 몸은 삼라만상의 고통의 이미지가 찍힌 압화이다. 좋은 서정시는 삶의 지나온 추억을 반추하고, 뜨거운 사랑과 이별의 노래가 들린다. 애틋한 달빛의 시어가 있는가 하면, 그리운 사모곡이 보인다. 봄날 들꽃의 소곤거림이 있는가 하면, 도시 거리를 방황한 자者의 결고튼 연민과 몸부림이 보인다.

그런 측면에서 서인수 2시집 『어머니와 아들』은 애절하고 절박하다. 언제나 그의 시는 절규가 산 메아리처럼 아련하다. 잘 다듬어진 시는 아니지만, 그의 행간은 무의식의 보고寶庫이다. 억눌린 기억과 상황이 맞불려 시 행간의 긴장과 갈등을 증폭시킨다. 말을 알아듣지 못하는 자의 고뇌와 가족의 비극적 사건이 결합해 아프다. 그의 시는 개인의 일상성에 기인하지만, 중얼거리는 자의 심안心眼이 번뜩인다. 구체성에서 시의 소재를 찾고, 추상의 소리 이미지를 통해 희망을 발견한다. 서인수의 시는 고독을 관통한 진통의 신음이 들린다. 사실적 풍경이 그대로 진실이 되는 특이점의 시이다. 감정의 과잉은 그의 시의 약점이자 강점으로 작용한다. 특히, 이번 시집 속의 몇 편의 시는, 자신만의 놀라운 서정의 아름다운 무늬로 직조된다. 시어를 부리는 언어의 기술은 서툴지만, 시적 진정성만큼은 깊고 높다. 그는 고도 난청자만이 볼 수 있는 바람의 말이 일렁거린다. 그의 화법은 사물의 파동을 순수한 마음의 거울로 비춘다. 좋은 시가 그렇듯, 서인수의 시는 '가장 서툰 언어로 가장 울림이 큰 시'로 변주된다. 그의 시작詩作 행위는 어쩌면 몸이 불편한 자의 고독감에서 배어 나온 흔적인지도 모른다. 단순한 직설화법은 시의 요체가 숨어있다. 시 「외톨이」는 소년 서인수의 외로운 상황이 먹먹하다. 너무 외로워 "말없이 서 있는 / 운동장 가 느티나무"를 "두 팔로" 꼭 껴안는, 어린 소년의 모습은 눈물겹다. 그의 「가족사」를 읽고 있으면, 현대사의 아픈 그늘이 한 가족을, 어떻게 비극 쪽으로 몰아갈 수 있는지를 목격케 한다. 한국전쟁의 소용돌이 속에 '암살'된 아버지, 느닷없이 인도 위에 차가 뛰어들어 죽은 '형', 그리고 '어머니의 백혈병'까지, 시인의 겪고 튼 슬픔은 통절痛切하다. 이번 시집에서 가장 울림이 큰 「어머니와 아들」은 2시집을 관통하는 사모곡의 대표시이다.

사모곡

어린 서인수에게 어머니는 한 편의 명시이다. 그의 삶 전반을 끌어준 바다와 같은 너른 분이다. 그래서인지 이번 2시집 『어머니와 아들』에서 유독 사모곡이 많다. 그의 시 「가족사」는 애절하다. "6·25전쟁 후 정치적 소용돌이에 휘말려" 암살된 아버지. "고등학교 때 인도 위로 덮친 차 사고로" 죽은 형의 목격은 비극적이다. 가난한 삶과 상처 속에서도 어머니가 버틸 수 있었던 것은, 오직 듣지 못하는 소년 인수를 돌보기 위함이다. 친구들에게 소외되지 않고, 이 험한 세파를 잘 살아가길 바라기 때문이다. 그의 어머니는 통한의 눈물 속에서도 "바느질과 수예"를 하며 훌륭하게 남매를 키웠다. 시대를 막론하고 어머니는 위대하다.

어머니는 6·25전쟁 후 일어난 가족 비극을
가슴에 묻었네 아버지가 억울하게 죽은 이야기도
말한 일 없었네 그 비통, 그 슬픔
밤마다 몰래 꺼내어 혼자 웅크려 울었네

식구 먹여 살리려고 수예품 만들어 시장에 팔았네
난청 아들 대학교 시키려고 무진장 애를 쓰셨네
따뜻한 사람이 되거라던, 그 어머니의 말씀

할아버지가 돌아갔을 때, 몇 날을
빈소에 목 놓아 울기만 하던 어머니
아버지가 남기신 유언 등대 삼아
아들을 훌륭히 키워야 한다고 마음먹었네

그 장애 아들 건축사 시험 합격한 날
환한 함박꽃처럼 웃으시던 어머니 모습
두 분 사랑 보답하려고, 나는 평생 사랑의 기도 드리네

—「어머니와 아들」 전문

시 「어머니와 아들」은 감동적이다. 읊고 있으면 훈훈하고 가슴이 저릿하다. 어린 자식에겐 어머니의 품보다 더 따스한 곳이 없다. 천지만물 중에 모정보다 더 앞선 사랑이 있을까. 서인수는 어머니를 여의고 하늘이 무너지는 느낌을 받았다고 고백한 적이 있다. 그는 어머니 말만 나오면 붉게 눈시울을 적신다. 어린 그에게 엄마는 성소였던 셈이다. 서인수는 "밤마다 몰래" 어둠 속에서 "혼자 웅크려 울"고 계신 당신을 목격한다. 어머니는 비통하게 떠난 남편의 억울한 죽음을 자식 몰래 꺼내 속울음으로 달랜다. "난청 아들 대학교 시키려고 무진장 애를 쓰"신 서인수의 어머니는 장엄하다. "그 장애 아들 건축사 시험 합격한 날 / 환한 함박꽃처럼" 웃던, 당신

은 위대하다. 하여, 서인수는 날마다 돌아가신 “두 분 사랑”에 “보답하려고” 정성껏 “기도 드”린다.

말귀

수년 전, 첫 시 수업 시간에 그는 내 입술 모양만 뚫어져라 쳐다보았다. 처음엔 ‘왜 사람 얼굴을 빤히 올려다보나?’라고 의아했지만, 이내 그가 청각장애인이란 사실을 알게 되었다. 그는 말귀를 눈으로 알아들은 셈이다. 난청자인 서인수는 “대자연을 안방처럼 살”(「시인의 말귀」)필 줄 아는 밝은 시안詩眼을 갖고 있다. “자귀나무 꽃술을 애인처럼” 대하기도 하고, “빛줄기의 속삭임”을 “눈 속에 담아두”기도 한다. 하여, 그는 사물의 온갖 말들을 상상 속에서 색실처럼 풀어내어 시로 쓴다. 최근 그는 “스마트폰”이야말로 “손가락으로 꿈을 보여주”(「친구」)는 친구라고 부른다. 스마트폰은 그의 “눈과 귀가” 된 진정한 “고마운 친구”다. 어쩌면 무정한 사람보다 다정한 기계가, 그의 우울증을 극복하는 좋은 의사인지도 모른다. 서인수는 답답한 가슴을 쓸어내리는 데는 ‘시’만 한 예술이 없다고 한다. 그는 들을 수 없기에 멋진 「말」의 시를 얻었으며, 또한 ‘언어의 연금술사’가 되었다.

말은 말이 들리지 않을 때까지

얼마나 아름다운지 모르지

귀는 하늘이 내려 주신 소리의 보물 창고

사람들은 말이 너무 흔해

못된 말을 남의 심장에

마구마구 사방으로 총알처럼 쏘아대지

말은 말을 듣지 못할 때

얼마나 좋은 말인지 그때쯤 알게 되지

—「말」 전문

시 「말」 속에 담긴 지혜는, 고통을 통과한 난청자만이 깨달을 수 있는 아름다운 역설이 숨어있다. "말이 들리지 않을 때까지" 그 말이 "얼마나 아름다운지 모"른다는, 서인수의 통찰은 놀랍다. 말이 있어 만휘군상萬彙群象은 그 뜻을 드러낸다. 하여, 그는 "귀는 하늘이 내려 주신 소리의 보물 창고"임을 직관한다. "사람들은 말이 너무 흔해" "못된 말을" 아무렇게

나 쏟아낸다. '낮말은 새가 듣고 밤말은 쥐가 듣는' 법이다. 말은 화복禍福을 불러들이는 문이다. '세 치 혀 아래 도끼가 들어'있음을 알아야 한다. 무엇보다 '가는 말이 고와야 오는 말도 고운' 법이다. 말이 있어 하늘과 땅의 모든 존재가 열린다. 서인수는 난청을 통해 예지의 시구詩句를 얻었다. "말은 말을 듣지 못할 때 / 얼마나 좋은 말인지" 알게 된다는, 놀라운 모순의 발견이 그것이다.

언어는 뿌리가 있네

곧게 뻗은 나무처럼 하늘을 만지네

온갖 형상을 만들어 꽃을 피우네

넘쳐나는 행과 연 사랑

언어는 정이 많고 따뜻하네

밤마다 뗐다 붙였다 언어 놀이 참 행복하네

마음껏 우주 속으로 날아가 보네

언어는 상상을 타고 마술을 부리네

팽창하는 빛의 속도로 초월하는 언어여!

—「언어의 연금술」 전문

어떻게 서인수는 "언어"에 "뿌리가 있"다는 사실을 알았을까. 그에게 명사, 대명사, 수사, 동사, 형용사, 부사, 관형사, 조사, 감탄사는, 종이 위에 심는 꽃나무처럼 여겨지나 보다. 들을 수 없기에 자기 마음대로 "밤마다" 단어를 "뗐다 붙였다 언어 놀이"에 푹 빠지나 보다. 언어를 통해 서인수는 "곧게 뻗은 나무처럼 하늘을 만"진다. 이런 시적 발상은 엉뚱하기도 하고 기묘하기도 하다. "언어"가 "정이 많고 따뜻"한 것을, 그는 청각장애인이 되고부터 알아챈 셈이다. 그래서 그는 현실에서 이루지 못하는 꿈을 상상을 타고 "마음껏 우주 속으로 날아"간다. 그에게 언어는 "마술을 부리"는 요술쟁이다. 과장과 비약이 심한 마지막 행은 이 시의 압권이다. "빛의 속도로" 날아가는 "언어"가 있다니 경이롭다. 물론 서인수의 '시의 나라'에선 이런 일이 다반사茶飯事라고 하니, 그것참 신기하기도 하다.

말놀이

옛 시를 보면 다양한 말놀이 시 형식이 많다. 정민의 『한시

미학산책』(2010, 휴머니스트)에 수록된 탑을 쌓은 모양으로 새겼다 하여 이름이 붙여진 '보탑시寶塔詩', 고려 때 승려 시인 혜심(慧諶, 1178~1234)이 쓴 시는, 1자에서 10자까지 차례로 늘인 예도 보인다. 쟁반 가운데 써서 돌려가며 읽는 '반중시'가 있는가 하면, 현대시 속엔 다이아몬드 형식의 말놀이 시도 보인다. 서인수의 「귀 자字」 놀이 역시, 이런 말놀이 시의 한 실례이다.

> 푸성귀 귀뚜라미에도 시어가 핀다
>
> 귀 자字가 좋아 펼쳐놓으면,
>
> 팔랑귀, 칼귀, 범의귀
>
> 참으로 다양한 이름도 많다
>
> 바늘귀 구멍에 구름을 매달다
>
> 쇠귀에 경 읽기로다, 웃었다
>
> —「귀 자字」 전문

시, 「귀 자字」놀이는 끝말에 귀 자字가 오게 하는 놀이 종류의 하나이다. 남의 말에 쉽게 흔들리는 사람을 '팔랑귀' 또는 '펄럭귀'라고 한다. 어떻게 그는 이런 재미나는 말들을 찾았

는지 모를 일이지만, 칼처럼 생겼다 하여 "칼귀"라고 부르는 귀도 소재로 썼다. 잎 모양이 톱니처럼 생긴 잎자루에 날개가 달린, 바소꼴 모양을 한 식물 "범의귀"는, 또 어떻게 알았을까. 시인은 "참으로 다양한 이름"을 많이 알아야 하나 보다. 이 시 5행은 신묘를 얻었다. "바늘귀 구멍에 구름을 매달다"란, 이 엉뚱한 시적 발상은 황당무계하다. 그것참 "쇠귀에 경 읽기"처럼, 웃기는 패러독스가 아닐 수 없다.

기도 시편

사랑은 오래 참고, 사랑은 온유하며, 투기하는 자가 되지 아니하며, 사랑은 자랑하지 아니하며, 교만하지 아니하며, 무례히 행하지 아니하며, 자기의 유익을 구하지 아니하며, 성내지 아니하며, 악한 것을 생각하지 아니하며, 불의를 기뻐하지 아니하며, 진리와 함께 기뻐하고, 모든 것을 참으며 모든 것을 믿으며, 모든 것을 바라며 모든 것을 견디느니라. 사랑은 언제까지든지 떨어지지 아니하나 예언도 폐하고, 방언도 그치고, 지식도 폐하리라.

(신약 고린도전서 13장)

서인수 2시집 『어머니와 아들』에서 특이한 지점은 「기도」 시편이다. 그의 시는 영성이 가득하다. 간구하는 자의 목소리가 애절하다. 듣지 못하는 자의 절박함으로 '신神'을 부르고 있다. "할렐루야, 할렐루야, 할렐루야!(너희들아, 여호와를 찬양하여라)", 그 높은 외침이 들린다. 행과 행 사이, 연과 연 사이, 그 영접의 말씀이 오롯하다. 마음속 무한의 깊은 곳으로부터 솟구쳐 올라온 중얼거림이 있다. 어쩌면 그는 태초의 귀를 잃고 심안心眼을 얻었는지도 모를 일이다. 서인수의 「기도」 속에는 길 잃은 자의 고뇌와 방황이 몸부림치고 있다.

사랑이여, 오랜 시달림이여

듣지 못함이여, 절망이여!

귀를 잃고 마음을 씁니다

그분의 큰 힘으로 시를 따라갑니다

그분의 큰 말씀으로 발길을 옮깁니다

이 봄날에 꽃으로 피어날 기도

은혜로움과 사랑을 행간에 넣어 봅니다

할렐루야, 할렐루야, 할렐루야!

—「기도」 전문

서인수의 「기도」는 고통의 언어가 가득 차 있다. “듣지 못” 하는 자의 “절망”은 간절하다. 알 수 없는 것, 들을 수 없는 것을 향한 그의 ‘기도’는, 폐부 깊숙이 울려 나오는 목소리가 들린다. 어떤 “큰 힘으로 시”를 부르는 소리 같기도 하고, 어떤 “큰 말씀”을 따라가는 몸짓 같기도 하다. 만질 수 없는 것을 향한 서인수의 언어는 하나님 품에 안기고자 한다. “눈물의 고통을”(「기도 2」) 지나, “외로운 밤의 시간을” 지나 “사무침”에 다다른다. “한밤중 일어나 무릎을 꿇고 기도하”는 그의 눈물은, 결국 자신에 대한 간절한 구원 의식으로 해석된다. 하여 그는 당신의 “은혜로움과 사랑”의 품 안에 성령과 시혼이 닿길 열렬히 소망한다.

나가는 말

위에서 살펴보았지만, 서인수 2시집 『어머니와 아들』의 전반적인 특징은 사모곡이 주류를 이룬다. 난청자로서의 사무친 애환과 돌아가신 부모님에 대한 간절한 그리움의 노래가 돌올하다. 그는 늘 눈目으로 소리를 보는 경계인이자, 고독한 방황자이다. 현실과 소망 사이에서 서성인다. 가족사의 비극은 서인수가 평생 짊어져야 할 숙명처럼 보인다. 어쩌면 시인으로서는 이런 트라우마가, 그의 비극 시에 깊은 음영을 드리

우는 배경이 된다. 물론 그의 이번 시집은 많은 감동의 시편들이 빼곡하다. 그중에서 「외톨이」는 측은지심을 불러일으키는 가슴 뭉클한 서정시이다. 나는 「외톨이」 속의 어린 소년 서인수를 꼭 껴안아 주고 싶다. “운동장 가 느티나무”와 “새”에게 “답답한” “어린 속마음을” “다 털어놓”는 착한 소년이기 때문이다. 서인수 시인을 만나서 이야기해보면, 여전히 ‘순수한 마음’을 가졌음을 알 수 있다. 물론 ‘입 모양’만 쳐다보는 그의 눈동자가 민망하지만, 여전히 서인수는 선한 사람이다. 이외에도 다양한 풍경과 체험에서 나온 시들이 주목된다. 「멧돼지와 법정」은, 그가 오랫동안 ‘사기꾼’에게 시달린 경험담을 시로 쓴 마음 아픈 이야기다. ‘고도 난청’인 그에게 사기를 친 자를 ‘멧돼지’로 비유한 점은 통쾌하다. 시 「독도」는 아무리 일본이 ‘다케시마’라고 우겨도, 대한민국 섬임을 만천하에 선포한다. “결단코 굴복하지 않는 위대한 역사의 섬”임을 상기시킨다. 끝으로 서인수의 수작 「울 엄마」를 감상하며 마칠까 한다.

세상 속에서 홀어머니는 두려웠으리

무거운 광목 한 단을 머리에 이고

어린 남매 위해 밥 찾아 산골짝 헤맨 울 엄마

갈라진 발바닥은 얼마나 아팠을까

저녁노을이 지나도 돌아오지 않으면

나는 어린 누이의 작은 손을 꼭 잡고

걱정되어 방천防川에서 가는 목 빼고 기다렸지

한밤중 무서워도 엄마 발자국 소리나면 안심되었네

물건을 한 보따리 이고 강물 건너와서

배가 고프냐며 밥 차려 주시던 울 엄마

오늘따라 참 보고 싶어서 눈시울이 뜨겁네

—「울 엄마」 전문

서인수의 시 「울 엄마」를 읊조리면, "세상 속에서" "두려웠"을 시인의 "홀어머니"가 떠오른다. "무거운 광목 한 단을 머리에 이고 / 어린 남매 위해 밥 찾아 산골짝 헤"매었을, 그녀가 떠오른다. 이상하게 그의 시를 대하면 가슴이 먹먹하다. 엄마가 "걱정되어 방천防川에서 가는 목 빼고 기다"리는 소년 서인수와 어린 누이를 생각하면, 쓸쓸하고 아득하다. 지켜줄

누구 하나 없는 그 "한밤중" "엄마 발자국 소리"만 기다리는 두 아이는, 무척 외로웠으리라. 이런 자신의 통증을 삶의 시로 쓰면서 서인수는 수많은 상념에 젖었겠다. 누구나 아픈 기억을 되돌아본다는 것은 고통스럽다. 어쩌면 이런 쓸쓸한 내면 풍경이 서인수 시인을 '시'로 살게 한 원동력은 아닐까. 물론 그의 시편들은 놀라운 낯선 세계와는 멀다. 강렬한 파괴력과 참신한 감각은 덜할지라도, 상한 자의 섬세한 시선과 묘사는 생생하다. 장애는 그의 행간을 도리어 서인수답게 하는 강점을 지닌다. 궁극적으로 서인수의 2시집 『어머니와 아들』은, 결핍과 자기의 아픈 언어를 연민으로 승화시킨 시편들로 규정된다.

서인수 시집

어머니와 아들

초판 1쇄 발행 2024년 1월 25일

지은이 서인수
펴낸이 이은재
펴낸곳 도서출판 그루

출판등록 1983. 3. 26(제1-61호)
42452 대구광역시 남구 큰골 3길 30
TEL 053-253-7872 / FAX 053-257-7884
E-mail / guroo@guroo.co.kr

값10,000원
ISBN 978-89-8069-494-5